BRASSERIE D'ÉVREUX

LA BIÈRE

SOINS SPÉCIAUX
A SA CONSERVATION ET A SON DÉBIT

PAR

V. PORTAIL
Brasseur à Évreux.

ÉVREUX
IMPRIMERIE CH. HÉRISSEY ET FILS
4, RUE DE LA BANQUE, 4

1908

BRASSERIE D'ÉVREUX

LA BIÈRE

SOINS SPÉCIAUX

A SA CONSERVATION ET A SON DÉBIT

PAR

V. PORTAIL

Brasseur à Évreux.

ÉVREUX

IMPRIMERIE CH. HÉRISSEY ET FILS

4, RUE DE LA BANQUE, 4

1908

LA BIÈRE

SOINS SPÉCIAUX A SA CONSERVATION ET A SON DÉBIT

Le but de cet opuscule est de guider nos clients à travers les difficultés que suscitent la conservation et le débit de la bière.

En s'inspirant de nos conseils, ils pourront contribuer à donner à cette boisson, éminemment rafraîchissante et hygiénique, le maintien normal de ses précieuses qualités et réunir, au confort désirable, la sécurité et l'économie dans le fonctionnement des appareils spéciaux à son débit.

Au début de sa carrière, le cafetier pourra ainsi s'assimiler, sans efforts, sans tâtonnements, l'expérience nécessaire à cette branche importante de son commerce.

Mais il aura à se pénétrer de cette vérité d'ordre primordial et devant laquelle toutes les autres considérations sont reléguées aux rôles secondaires ; c'est que les trois facteurs requis pour avoir constamment de la bonne bière consistent dans :

1° *Son maintien* **invariable** *sous une froide température ;*

2° *La marche régulière des organes de compression ;*

3° *Et la rigoureuse propreté des canalisations à bière.*

Caractères généraux de la Bière.

La bière est sans contredit la boisson la plus délicate à conserver, la plus difficile à servir aux consommateurs dans des conditions irréprochables.

Pour être parfaite, elle doit être *limpide, crémante* et *fraîche.* Son ingestion ne laissera au palais aucune saveur étrangère aux matières premières qui la composent : malt d'orge et houblon. Elle sera digestive et nutritive. Mais elle ne devra provoquer aucune lassitude ou torpeur à l'estomac, ni surtout le mal de tête bien connu sous le nom de « barre » que supportent, plus ou moins stoïquement, les habitués de certaines bières exotiques.

La Bière doit être limpide.

Pour obtenir ce « cachet de santé » de la bière — dirons-nous — il est indispensable de maintenir ses canalisations dans la propreté la plus sévère, la plus absolue ; jamais les soins les plus méticuleux, pour obtenir ce résultat, ne seront excessifs. Ce travail prédominant n'est pas sans opposer quelques difficultés qui doivent être intégralement surmontées préalablement au tirage des bocks.

Parce que la tuyauterie à bière aurait été lavée sous la pression de l'eau chaude et de l'eau froide, il ne faudrait pas en conclure qu'elle est intérieurement propre : ce serait commettre une grave erreur d'appréciation. La vérité est que seule une solution de produits chimiques (cristaux de potasse généralement adoptés), laissée en contact dans les tuyaux pendant une durée de temps qui doit varier avec leur degré d'encrassement, peut désagréger les matières sèches adhérentes aux parois internes. La pression d'eau froide les débarrasse ensuite de toutes les impuretés en désodorisant le plongeur et la conduite.

Lorsque les tuyaux sont fortement encrassés et qu'un goût suspect résiste à tout nettoyage, il est nécessaire de démonter toute la canalisation et de la faire porter à la brasserie.

Tel quel, l'outillage employé au débit de la bière, dans la plupart des établissements publics, est démodé, défectueux. Trop de débitants se croient tenus d'employer des tuyaux dont la longueur interminable constitue un véritable foyer d'infection. La bière que ces canalisations véhiculent, ouate, de jour en jour, leurs parois d'une matière gommeuse dans laquelle pullulent des organismes innombrables que l'air introduit par le plongeur dès que celui-ci est retiré du fût vide. Ces corpuscules trouvant aussitôt une alimentation propice à leur éclosion s'y multiplient à l'infini et font refermenter le liquide, à leur contact, en le troublant et en l'altérant. C'est ainsi que s'explique le tirage de plusieurs bocks troubles avant d'en avoir un clair. Et si, après cette perte, onéreuse et inutile, il y a, dans la vente, arrêt un certain laps de temps, à la reprise plusieurs bocks se succèdent à nouveau en voie de décomposition, imbuvables accusant un relent acidulé ; enfin la mousse au lieu d'être blanche est légèrement teintée.

Et n'allez pas croire, comme le fait se produit parfois, que le mal provient du fût! Sa stérilisation est obtenue en brasserie, préalablement à son remplissage par l'injection d'une résine spéciale fondue à 130°. Elle est destinée à en tapisser les douves intérieures d'une légère couche formant vernis et devenant lisse en se refroidissant. A cette haute température l'assainissement est tellement énergique et décisif qu'il n'est pas possible aujourd'hui d'imputer au brasseur la fourniture d'un fût trouble, alors que sa sortie de l'établissement producteur date depuis moins de 15 à 25 jours suivant la saison.

Lorsque pareil accident se manifeste, c'est que le liquide a été contaminé par un plongeur infecté qui a eu raison de sa résistance et de ses qualités de conservation normale.

Pour finir cette importante question des tuyaux et plongeurs, dont l'entretien joue ultérieurement une influence si considérable sur la vente de la bière, il est recommandé :

De disposer les canalisations de manière à les rendre facilement démontables;

De borner la longueur des tuyaux au strict nécessaire;

Et de se souvenir que des fuites aux tuyaux, de mauvais ajustages aux raccordements, suffisent pour retirer à la bière sa belle transparence et la rendre louche.

La Bière doit être crémante.

Certains cafés justifient constamment la renommée de leurs bocks alléchants, rutilants, pourvus d'une mousse laiteuse, compacte et d'une certaine durée.

C'est que la bière dans ces établissements est fraîche, saturée sans excès de gaz carbonique par une pression pondérée et raisonnée. L'acide carbonique qu'elle recèle, de par sa propre constitution, à l'état liquide, se dégage à l'air et sous l'influence de la chaleur en globules de gaz qui crèvent lentement à la surface du bock et lui maintiennent de façon persistante, sa belle crème blanche inséparable d'un bock bien servi.

Consommée ainsi, la bière paraît plus gommeuse, plus franche de goût et possède une saveur qui flatte bien mieux l'œil et le palais. Elle étanche davantage la soif et laisse la sensation stimulante du *revenez-y*.

Pour obtenir un bock crémant, il faut le tirer le robinet franchement ouvert. Le

« parer » ensuite d'une mousse fine que l'on obtient en étranglant la pression par la fermeture aux trois quarts du robinet. Coupez ensuite avant de servir. Si votre bière est fraîche, suffisamment gazéifiée, vous vous trouverez dans les conditions requises pour donner à consommer des bocks irréprochables.

Il est un axiome reconnu incontestable : plus la vente est active, meilleure est la bière. C'est à cette circonstance qu'il faut attribuer la qualité parfaite, indéniable des bières consommées sur les grands boulevards parisiens. Et y en a-t-il des marques différentes ! Étant donné que pour conquérir la confiance des consommateurs cosmopolites et satisfaire l'engouement naïf d'un certain public, des industriels français n'hésitent pas, le cas échéant, d'affubler leurs produits de noms excentriques, à consonance étrangère !...

Mais comme les débouchés exceptionnels offerts par de grandes villes ne peuvent se présenter ailleurs, il serait puéril d'insister. Parlons-en pour mémoire et l'explication plausible de certain succès.

Toutefois, que diraient les limonadiers de la capitale si leur vente était soumise aux fluctuations déconcertantes des établissements provinciaux ?

Souvent, ici, un fût reste en vidange un grand nombre de jours et il faut, — obligation difficile que l'on remplit néanmoins, — donner un liquide clair et agréable.

Et pourtant la bière s'altère... Après sept à huit jours de mise sous pression, il y a commencement de dissociation de ses principes constitutifs, de désagrégation de ses particules moléculaires. Sous pression d'air comprimé, la bière devient rapidement plate, insipide. Sous pression carbonique, elle se sursature de gaz et donne au palais un picotement excessif, disons le mot, désagréable. La mousse désordonnée, effervescente, tombe aussitôt.

Pour éviter ce dernier écueil, il est indispensable de ne pas charger en acide la nuit, d'en doser l'emploi, le jour, dans des proportions variables avec la vente et que l'expérience et l'observation seules peuvent suggérer.

Mais si nous appelons l'éveil sur les dangers de la gazéification exagérée, nous devons aussi mettre nos clients en garde contre l'excès contraire, car il ne faudrait pas, sous le vain prétexte de rendements élevés, s'efforcer d'obtenir, par les méthodes habituelles, le débit, par exemple, de 20 à 25 hectos en petits fûts, par tube d'acide carbonique.

Cette économie outrée serait préjudiciable à la bière. Sa compression, aussi permanente que possible, fait naître la production de la mousse et conserve le breuvage en maintenant la cohésion de ses molécules. Sans ce traitement obligatoire le liquide en vidange se décomposerait rapidement.

Du reste, cette parcimonie dans la distribution de l'acide ferait perdre les derniers litres des fonds de fûts, sans que la récupération correspondante de leur valeur puisse se réaliser sur l'économie de l'acide.

Enfin le bock servi à plein bord, dépourvu de la fine mousse perlée que le langage populaire désigne sous le nom imagé de « faux-col » augmenterait ainsi le prix de revient du fût de bière en restreignant le bénéfice à en prélever.

La Bière doit être fraiche.

Lorsqu'elle est fraiche, la bière dégage une mousse très fine ; pour cela, il est indispensable qu'elle ait une température de 8 à 9°, et plus cette température s'élève, plus la mousse obtenue est bulbeuse, floconneuse : ce manque de consistance fait qu'elle fond aussitôt à l'instar de l'eau de seltz.

Pour lui restituer son froid, le débit de la bière comportait, jusqu'à ces derniers temps, faute de mieux, le serpentin à glace à juste titre délaissé dans les installations nouvelles. Il ne peut assurer la régularité de la fraicheur du bock et serait plutôt funeste à la bière. comme l'est du reste le contact prolongé de tous les métaux.

Rappelons les conditions d'emploi de cet appareil et les motifs qui rendent ses services discutables.

Dans la pratique, un fût glacé au sortir de la brasserie est déposé dans la cave du client où il voisine, le plus souvent l'hiver, avec le calorifère et où il se baigne l'été dans une atmosphère de 14 à 18° ! Le liquide chauffe..., puis se refroidit à nouveau par son passage dans le serpentin. Ces régimes dissemblables, complètement opposés, ne sont pas sans exercer une influence fâcheuse sur la délicatesse de la bière dont l'arome et la finesse se trouvent fatalement modifiés.

En Allemagne, ou plutôt dans une grande partie de cet empire — car il ne faut jamais généraliser si l'on veut être sincère — le brasseur et son client veillent, avec un soin jaloux, à ce que leur bière ait une *température uniforme* et surtout qu'elle ne chauffe jamais.

Leur sollicitude avisée s'étend aussi bien pendant la durée des transports que pendant celle des dépôts en cave, dans laquelle règne une température régulière constamment maintenue au-dessous de 10° centigrades.

Et c'est à cette application assidue, minutieuse, que l'on doit l'une des raisons majeures qui militent le plus en faveur de nos voisins de l'Est dans le bon renom de leurs produits.

Ne quittons pas ce sujet sans rappeler, entre parenthèse et pour la simple édification de nos lecteurs, que les canalisations provenant des pompes à air, à acide ou de tout autre moyen de compression et de débit sont d'un usage interdit en Suisse et en Allemagne.

Après cette digression, revenons au refroidissement de la bière par le serpentin.

Pour être bien fait, il doit avoir son tuyau enroulé sur lui-même et à plat et non en spirale, ce qui est une forme désastreuse. Il doit reposer sur une grille ayant pour but de faciliter l'évacuation des eaux de fonte. Ainsi disposé, le serpentin offrira les plus larges surfaces de contact avec la glace et lui empruntera tout son froid.

La glace sera déposée sur le tuyau avec

précautions, sinon des aplatissements se produiraient et formeraient dans le serpentin des poches de mousse dont la condensation nuirait ultérieurement au débit de la bière et la ferait présenter mal.

Si la bière séjourne trop longtemps dans le serpentin, il sera bon, pour diminuer l'intensité du froid, de placer un linge, en guise de tampon, entre la glace et les tuyaux et l'on obtiendra ainsi des bocks frais et non glacés.

Lorsque la vente est incertaine l'hiver et que la bière s'éternise sous la pression, il y a avantage à abandonner la vente en fût et à lui substituer celle en canettes.

Accessoires divers.

Nous allons brièvement examiner les divers appareils accessoires qui complètent l'application de l'acide carbonique pour la compression de la bière.

Le tube d'acide carbonique. — Ce récipient contient 10 kilos généralement de gaz liquéfié.

L'acide carbonique, adopté partout aujourd'hui, a détrôné l'antique pompe à air qui exigeait l'écoulement rapide des fûts, sinon le liquide s'éventait et devenait impropre à la consommation.

Mais si l'acide permet d'éviter ce grave inconvénient, il occasionne quelques déboires. Il est très volatil et ses fuites sont fréquentes si l'on n'est pas familiarisé avec ses procédés de distribution.

Quand ces fuites sont légères, elles motivent des perquisitions longues et fastidieuses. Son économie exige donc d'en faire un usage judicieux, puis son évaporation, par suite du manque d'étanchéité, dans les divers organes servant à sa conduite sur le fût, réagit défavorablement sur la qualité de la bière.

Généralement le tube d'acide carbonique est placé dans la cave près du fût : c'est là le fait d'une mauvaise disposition. Les fuites ne peuvent se révéler que dans des cas fortuits ou lorsque l'on a constaté que la bouteille est vide sans avoir donné les 10 à 14 hectos que l'on est en droit d'attendre de ses services.

Sa surveillance doit être faite au grand jour, et c'est pour obvier à de multiples déceptions que nous recommandons avec instance de placer la bouteille d'acide carbonique dans la salle de vente, loin du poêle et près du robinet de tirage. On amènera sa pression sur le fût par un tuyau métallique quelconque pourvu d'un bout de tuyau en caoutchouc à chaque extrémité pour l'élasticité du raccordement.

En fermant la vanne, vous vous rendrez compte, par le manomètre, si une fuite se déclare sur le fût. L'aiguille devra rester fixe à sa division de réglage, ne descendre qu'à la dépression correspondant au tirage des bocks. Si l'aiguille tombe sans motif apparent, c'est qu'il y a fuite. Incontinent et sans désemparer, procédez à sa recherche sinon le tube d'acide se viderait.

Le soir, il faut fermer le petit robinet de pression d'acide du plongeur pour empêcher la mousse de faire irruption dans le tuyau en caoutchouc et de l'encrasser.

Le détendeur. — Observez cet appareil dont la soupape ne doit pas, sans motifs, laisser échapper le gaz.

Étendez votre surveillance sur la bonne marche du manomètre qui peut induire en erreur sur la réelle distribution de l'acide.

Au repos, son aiguille doit être placée à zéro.

Si en ouvrant le tube d'acide, l'aiguille saute au-dessus des 3 kilos, dont le manomètre porte la graduation maximum, c'est qu'une main inexpérimentée a faussé le ressort en ouvrant trop brusquement la vanne du récipient à acide carbonique.

Vérifiez le bon état des rondelles de jonction qui font obturation en s'aplatissant; l'herméticité des raccords dont le pas de vis ne doit pas être ébréché ; la ligature des tuyaux en caoutchouc qui se fendillent en vieillissant.

Examinez le tamis interceptant, dans le canal du détendeur, centre du principal raccord, les impuretés que peut contenir le tube à acide : des corps durs peuvent s'y incruster, s'y fragmenter et détraquer le fonctionnement de l'appareil.

Quelques soins attentifs permettront de prévenir les déceptions de ce genre.

Si l'acide se distribue mal, fermez d'abord la vanne du récipient à acide, ainsi que la vis de réglage du détendeur.

Puis chargez le détendeur d'acide et ouvrez lentement la vis du détendeur de manière à livrer passage au gaz. Ne cessez pas de fixer votre regard, pendant cette opération, sur les indications données par l'aiguille du manomètre.

Le détendeur étant mis au point, *il ne faut plus y toucher*.

Au cas où le mauvais fonctionnement persisterait, malgré l'application des meilleurs soins, faites porter cet appareil à la brasserie.

Souvenez-vous que pour ces mesures d'ordre et de bonne méthode, il faut procéder, pour fuir toutes surprises désagréables, loin de l'obscurité des caves.

Inconvénients provenant du plongeur. — Si au tirage la mousse seule apparaît, c'est que la tige n'a pas été enfoncée à fond ou qu'elle est fendue sur une certaine partie de sa longueur.

Apportez votre attention sur l'extrémité inférieure du fourreau.

Sa partie filetée peut s'émousser à l'usage et ne plus pouvoir se visser en mordant dans le bois. Cette défectuosité est suffisante pour donner lieu à des pertes d'acide et de bière et provoquer le goût « plat » de cette boisson.

Le plongeur sera porté au tour; mais, si le mal n'est pas profond, bornez-vous à faire réapparaître les filets au moyen d'une lime douce, opération délicate à confier à un professionnel.

Nous ne nous préoccupons que du plongeur à vis — celui à frapper étant complètement délaissé dans les acquisitions nouvelles ; aussi nous n'y faisons allusion qu'incidemment et pour exposer que ces deux systèmes détériorent également les douves des fonds de fûts en déformant leurs ouvertures. Et si la réfection de ce matériel n'est pas assurée avec opportunité, il se révèle, ultérieurement, des fuites préjudiciables dont il est aisé d'établir, d'un coup d'œil et sans s'y méprendre, les causes initiales.

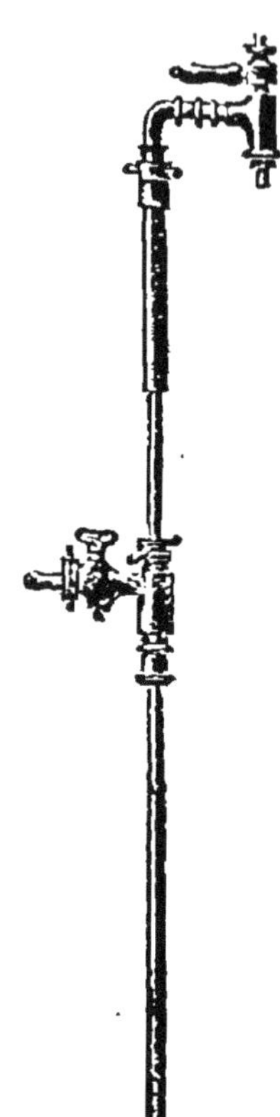

Fig. 1. — Plongeur, dit « Robinet-Siphon » pour fûts couchés, possédant 2 vis pour nettoyage.

(Cliché fourni par la maison Carl Fink, d'Asperg.)

Un plongeur dénommé « modèle » ou encore « robinet-siphon » vient d'être mis en circulation. Il n'est ni à *visser*, ni à *frapper*. Il permet d'éluder les difficultés et pertes reprochées aux appareils similaires. Il est loisible, par exemple, de le disposer sur un fût, sans être inondé par le « giclage » de la bière.

Sa tige s'introduit avec précision dans l'orifice d'une bonde métallique perforée et adaptée au fût. Elle est munie d'un bouchon de liège dans sa partie interne.

Ce nouvel appareil apporte donc une amélioration économique et un progrès sensible dans l'opération, jusqu'ici rudimentaire, de mettre en perce un fût de bière.

Nous le signalons à l'attention sagace de nos clients pour tous besoins éventuels en les informant que nous nous sommes pourvus de ces bondes perforées pour répondre à leur premier appel.

Comptoirs-glacières. — Nous croyons avoir passé en revue presque tous les cas de déconvenue possible et indiqué les moyens d'y remédier sans que les investigations ne s'égarent en pure perte. Il nous reste maintenant à recommander le meuble qui doit prévenir les difficultés précitées et en éliminer les principales, sinon toutes :

C'est l'emploi du comptoir-glacière dont le nom est assez significatif pour laisser deviner le programme que remplissent ses services multiples.

Lorsque la disposition de la salle du café s'y adapte, ce meuble s'impose et permet de faire table rase des installations de caves actuelles qu'il est difficile de maintenir en bon état et sous un contrôle vigilant. L'on supprime ainsi tous ces tuyaux intermédiaires, véritables repaires à microbes qui altèrent fréquemment le liquide en l'imprégnant d'un goût répulsif et caustique.

Il ne faudrait pas, toutefois, qu'une confusion s'établisse sur l'interprétation réelle du terme « Comptoir-Glacière » dont tous les modèles ne comportent pas, comme on serait tenté de le croire, l'agencement de la caisse, du bassin de rinçage, etc.

Celui qui a toutes nos préférences et dont nous préconisons l'emploi, est d'un développement moins compliqué, d'une utilité pratique reconnue. Enfin, ce qui est à retenir, son prix est très abordable.

Il résout, de façon péremptoire toutes les objections d'exiguïté qui nous ont été opposées en occupant une place peu encombrante et dont il est aisé de déterminer le choix dans la majeure partie des salles de débit jugées, dès l'abord, insuffisantes.

Son ordonnance comprend deux com-

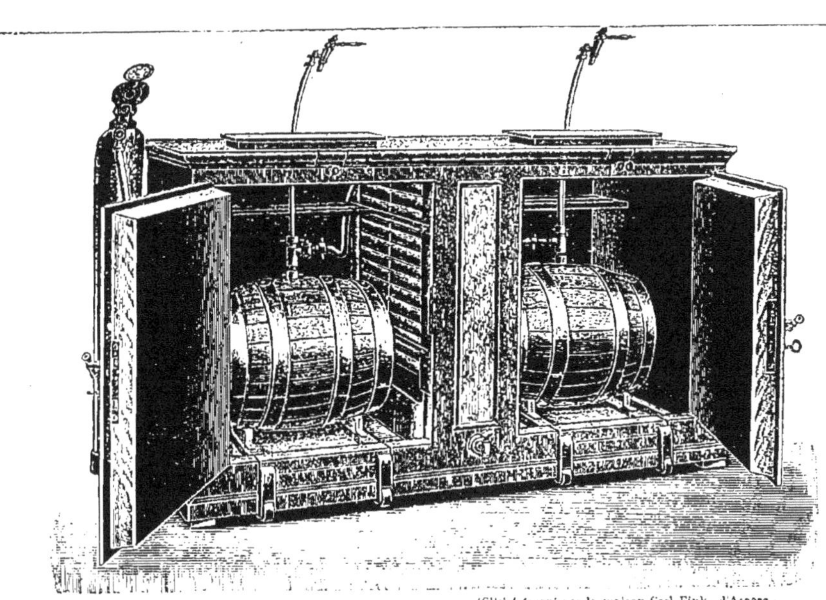

(Cliché fourni par la maison Carl Fink, d'Asperg.)

Fig. 2. — Comptoir-Glacière.

Pour 2 fûts de 50 litres. Maison Brenner et Journoud, 6, place Puvis-de-Chavannes, Lyon.

partiments pour un fût de 50 litres chacun, entre lesquels est intercalé le réservoir à glace.

Il répond ainsi à tous les besoins locaux.

Ses accessoires de débit se réduisent à leur plus grande simplicité :

Une bouteille d'acide et son caoutchouc.

Un détendeur.

Un plongeur muni de son robinet de tirage.

C'est tout.

Grâce à ce meuble confortable et suffisamment décoratif, la cave et les descentes répétées, plus ou moins opportunes, sont supprimées.

Plus de recherches de fuites dans les ténèbres à la lueur vacillante d'un éclairage quelconque.

Plus de canalisations fixes immergées dans la maçonnerie et que l'usure prématurée — conséquence inévitable du manque de soins pratiques — oblige à abandonner.

Plus de visites inopinées dans la cave

au moment où la clientèle débordante exige toute l'attention et l'œil du maître !

Économie considérable de l'acide carbonique dont il n'est fait usage qu'à bon escient.

Pas de dégorgements.

Long usage du détendeur, du plongeur et de leurs organes mis à l'abri de l'oxydation engendrée par des locaux humides.

La température de la bière, égale en toute saison, ne subit plus aucune variation pernicieuse.

Et le serpentin, juste sujet de notre aversion, est enfin radicalement supprimé.

Par l'adoption de ce nouveau procédé de vente de plus en plus répandu dans les établissements publics de l'Est et qui a fait sa récente apparition sur les grands boulevards parisiens, le fût introduit frais dans le coffre à glace du comptoir y laisse capter et garder sa basse température, propice à la longue conservation de la bière et au maintien précieux de toutes ses propriétés.

Le fin connaisseur pourra savourer toute la valeur de son breuvage préféré, complètement soustrait, ainsi, aux influences nuisibles qui égaraient, parfois, la critique en offusquant les subtilités des dégustations compétentes.

Et le cafetier, commerçant avisé, réalisera le rêve de débiter la blonde liqueur dans des conditions exceptionnelles de confort, d'hygiène et d'économie.

ÉVREUX, IMPRIMERIE CH. HÉRISSEY ET FILS

www.ingramcontent.com/pod-product-compliance
Ingram Content Group UK Ltd.
Pitfield, Milton Keynes, MK11 3LW, UK
UKHW020443220726
13923UKWH00005B/2310